Mientras cuidas a un ser querido

Información básica que lo sacará de dudas sobre cómo manejar su tiempo, cómo ser feliz y no sentirse culpable mientras cuida a un enfermo.

Mientras cuidas a un ser querido

Alejandra Covarrubias

Número de Control de la Biblioteca del Congreso de EE. UU.:		2015921061
ISBN:	Tapa Blanda	978-1-5065-1127-6
	Libro Electrónico	978-1-5065-1126-9

Información de la imprenta disponible en la última página.

Fecha de revisión: 13/01/2016

Para realizar pedidos de este libro, contacte con:
Palibrio
1663 Liberty Drive
Suite 200
Bloomington, IN 47403
Gratis desde EE. UU. al 877.407.5847
Gratis desde México al 01.800.288.2243
Gratis desde España al 900.866.949
Desde otro país al +1.812.671.9757
Fax: 01.812.355.1576
ventas@palibrio.com
730497

ÍNDICE

INTRODUCCIÓN

En México, cientos de familiares se encargan del cuidado de sus enfermos en el hogar. En la actualidad y a partir del aumento en la demanda de atención de las enfermedades crónico-degenerativas, los cambios demográficos y epidemiológicos han generado una gran presión sobre los servicios de salud. Con el objeto de reducir costos hospitalarios, se crea la estrategia de dar de alta lo más tempranamente posible a los pacientes. Esta situación relega el cuidado de los pacientes a familiares; teniendo como consecuencia reingresos hospitalarios y riesgos económicos y de salud para las familias. Algunas estrategias que se han utilizado para minimizar estos riesgos en los países desarrollados van desde la paga a miembros del hogar para atender al familiar enfermo hasta la contratación de cuidadores profesionales.

La esperanza de vida en México ha aumentado en los últimos años, siendo de 77 años para las mujeres y de 73 para los hombres. Actualmente, México es un país que ha entrado en una fase acelerada de envejecimiento y el reto será, como en cualquier nación envejecida, la prevalencia en las enfermedades crónicas; ya que debido a la pobre capacidad de atención del sistema de salud, el cuidado de estos pacientes se ve relegado a las mujeres, quienes no cuentan con una instrucción adecuada para hacerse cargo de los familiares y de las actividades del hogar; lo que en ocasiones termina por rebasar sus capacidades físicas y anímicas.

Las mujeres dedican en promedio el 80% de su tiempo a labores domésticas, si a esto se le suma el cuidado de un familiar enfermo, el resultado es desgastante. Las diferencias son notables en la distribución de las horas de acuerdo al género; los hombres dedican menos horas a las labores domésticas y el porcentaje es mucho menor en cuanto al cuidado de un familiar enfermo se refiere. Sin embargo se conoce que cuando existe un nivel de educación de licenciatura y posgrado los hombres, llegan a representar el 55% de los cuidadores.

El cuidado de un familiar enfermo agudo, crónico y discapacitado, conlleva a la modificación de la estructura familiar, recayendo con frecuencia el cuidado directo – alimentación, aseo, aplicación de terapias- y la planeación en torno a la distribución de tareas complementarias en manos de la mujer dedicada al hogar. Esto tiene consecuencias claras en torno a la carga física y emocional del cuidador; lo que puede generar maltrato emocional y negligencia en la vigilancia que requieren los pacientes.

Los efectos que puede tener el cuidado de un enfermo crónico sobre el núcleo familiar y sus integrantes pueden llegar a ser devastadores. Los cuidadores incurren en costos de oportunidad como dejar de trabajar, estudiar o utilizar el tiempo de recreación para cuidar al enfermo. Para muchos familiares, desprenderse de la responsabilidad de cuidar a un enfermo crónico no es opción ya que es considerado moralmente inaceptable. Lo más común es que sean los padres, lo que se convierte en una carga simbólica para los hijos, quienes asumen el reto junto con el riesgo de perder una parte importante de su desarrollo personal.

En México se han realizado investigaciones para comparar la salud mental de cuidadores de personas que han sufrido traumatismos cráneo-encefálicos y grupos controles de la misma edad. Los resultados mostraron evidencia sustancial de puntajes de salud mental más bajos en los cuidadores que en los sujetos control[1].

Un diagnóstico temprano en pacientes con demencia, da la oportunidad a los cuidadores de adaptarse al rol que tendrán en un futuro, existen algunos cuidadores que al tener esta oportunidad de adaptarse con tiempo y visualizarse en el rol, se sienten más preparados para llevar la tarea, al igual que se ven disminuidos los problemas psicológicos[2].

---

1   PERRIN, Paul. et al. *Just how bad is it? Comparison of the mental health of Mexican traumatic brain injury caregivers to age- matched healthy controls.* NeuroRehabilitation. 2013 Jan 1;32(3):683.
2   DE VUGT, Marjolein. et al. *The impact of early dementia diagnosis and intervention on informal caregivers.* Prog Neurobiol. 2013 May 17.

El ser cuidador de un familiar enfermo implica ya un desgaste como hemos mencionado antes en varias esferas, sin embargo, es importante tener en cuenta en todo momento, es decir desde el momento que decidimos ser el cuidador principal (decisión que podemos revocar) que no implica las mismas herramientas, ser cuidador de una persona con una enfermedad crónica que de una persona con una enfermedad que durará unos cuantos meses, tampoco de una persona que esté en pleno uso de sus facultades mentales a quien tenga alguna implicación en esta área. Así mismo, cada uno somos seres diferentes con historias únicas esto también nos hace vulnerables a diferentes situaciones y habrá que tenerlo en cuenta.

Es frecuente que los cuidadores busquen ayuda en programas psicoeducativos, cuando tienen la fortuna de encontrar alguno a su alcance para el manejo del estrés. Algunas otras personas sufren con la presencia frecuente de síntomas como problemas de sueño, sentimientos de desesperanza y preocupaciones por el futuro.

Es importante recordar que si el cuidador tiene los recursos adecuados y buenos mecanismos de adaptación, la situación de cuidar al familiar no tiene por qué ser necesariamente una experiencia frustrante; de hecho pueden llegar a encontrarse ciertos aspectos gratificantes.

El objetivo de este libro es empoderar al cuidador para crear conciencia en toda la red de apoyo, familiares y amigos con el fin de delegar las tareas y hacer más llevadera y placentera la ayuda y el cuidado del paciente.

Los aspectos positivos del cuidado son "algo más que la ausencia de malestar, representan las ganancias subjetivas percibidas, el crecimiento personal experimentado, que se encuentra por el hecho de ser cuidador"[3]

---

3   ALLEN, Jessica, et al. *Bereavement among Hospice Caregivers of Cancer Patiens Ones Year Following Loss: Predictors of Grief, Complicated Giref, and Symptoms of Depression.* J Palliat Med. 2013 May 22

CAPITULO 1
IMPORTANCIA DEL CUIDADOR PRIMARIO

Cuando a una persona le diagnostican una enfermedad crónica, el entorno familiar sufre cambios. Al inicio puede ser que éstos no sean tan evidentes; sin embargo pueden empezar desde los conflictos que se crean en los miembros de la familia, pudiendo ser entre los hijos o los padres. A menudo éstos inician por asuntos tan sencillos y básicos como: ¿quién se queda esta noche a dormir?, ¿quién se encarga de cuidarlo durante el día? y como éstas miles de situaciones más en las que se ve inmersa la familia en el día a día.

Por lo general, en unas cuantas semanas existe una persona que se encarga de los cuidados diarios, ésta puede ser que se haya autoimpuesto la responsabilidad, pero también existen ocasiones en las que éste cuidador se ve obligado o simplemente se le designó a llevar la encomienda. El papel de ella es fundamental en el cuidado del paciente ya que dará estructura, confianza y seguimiento al familiar enfermo.

Resulta sano para la dinámica familiar, para el bienestar del paciente y del cuidador que esta responsabilidad se platique con todos, se evalúen las características necesarias para cumplir este "puesto". No toda persona está capacitada emocional y físicamente para ser un cuidador primario.

En este capítulo se abordarán ciertos puntos importantes que servirán como guía para conocer y reconocer las características esenciales de un cuidador primario.

1.1. DIFERENCIA ENTRE EL CUIDADOR PRIMARIO Y EL SECUNDARIO

Islas y colaboradores[4], llaman cuidador primario informal (CPI) a la persona que asume la responsabilidad total del paciente ayudándole a realizar todas las actividades que no puede llevar a cabo; generalmente siendo el CPI un miembro de la red social inmediata (familiar, amigo o incluso vecino), que no recibe ayuda económica ni capacitación previa para la atención del paciente. Así mismo hacen la diferencia de éste cuidador con el cuidador primario formal, los cuales son integrantes del equipo de salud, se encuentran capacitados para dar un servicio profesional, remunerado, por tiempo delimitado.

Para el presente trabajo nos referiremos como cuidador primario a lo que Islas y colaboradores

---

4 ISLAS, Noemi. et al. *Perfil psicosocial del cuidador primario informal del paciente con EPOC*. Rev Inst Enf Resp Mex 19(4) octubre diciembre 2006 pp 266-271.

hacen referencia como cuidador primario informal; como cuidador secundario a lo que estos autores hacen referencia como cuidador primario formal.

Mendoza y Rodríguez[5] mencionan que los cuidadores primarios en su mayoría son "mujeres, esposas, hijas o nueras, aunque también hay varones que cuidan a la cónyuge o a la madre enferma".

Sobre las características del cuidador primario, Morales- Cariño y cols[6] comentan que "al igual que en otros estudios mexicanos como los de Islas, Zuñiga o demás estudios mexicanos realizados en población mexicana de Mendez- Luck, la edad del cuidador primario es alrededor de 49 años, a diferencia del estudio de Chile donde se encontraron 56.6 años o estudios españoles donde se encontraron 56 años; sin embargo la diferencia con estudios americanos o europeos la diferencia es mayor, 62 años" Mencionan así mismo que con frecuencia los cuidadores primarios son mujeres; y a diferencia del estudio mexicano realizado por Compean, donde la mayoría son casados, Morales- Cariño y cols, encuentran que el estado civil más frecuente es el soltero; sobre el parentesco concluyen que la mayoría de los estudios coinciden en que los cuidadores primarios suelen ser los hijos.

---

5   MENDOZA, Lilia. et al. *Colapso del cuidador. Geriatría.* México, 2000. p. 99.

6   MORALES- CARIÑO, Elizabeth María, et. al. *Evaluación del colapso del cuidador primario de pacientes adultos mayores con síndrome de inmovilidad.* Revista de Investigación clínica (64): 3. Mayo- Junio, 2012. p. 244.

Las actividades que realiza el cuidador primario incluyen desde brindar compañía, ayudar en la higiene personal (bañar vestir, alimentar, cargar, transportarlo, llevarlo al médico y darle su medicación), hasta realizar trámites administrativos y legales del paciente.

En su libro sobre la invisibilidad del cuidado a los enfermos crónicos, Leticia Robles [7] define que el rasgo principal, que hace la diferencia de los demás cuidadores sobre el cuidador primario, es tener la responsabilidad total del cuidado del enfermo, la cual se refleja en cuatro características fundamentales:

Primera: el cuidador primario realiza la mayoría de las acciones del cuidado en tres líneas: la de la enfermedad (diagnóstico, molestias, regímenes y atención), la del hogar (apoyo económico, trabajo doméstico, cuidados personales y ambiente) y la biográfica (identidad, aislamiento, continuidad de roles y relación de cuidado).

Segunda: la realización de las acciones centrales del cuidado cae bajo la responsabilidad del cuidador primario; aunque éste también actúa en las acciones periféricas cuando las circunstancias lo requieren.

---

7   ROBLES, Leticia. *La invisibilidad del cuidado a los enfermos crónicos: un estudio cualitativo en el barrio de Oblatos*. Editorial Universitaria España 2007 pp. 254- 255.

Tercera: existen acciones de competencia exclusivas del cuidador primario. En la línea de la enfermedad, en el área diagnóstico, las acciones de conocer los regímenes prescritos y evaluar la atención son así mismo, funciones del cuidador primario; incluso cuando algún cuidador secundario (el cuidador contratado que recibe una remuneración por su servicio) las realiza, siempre son corroboradas por el cuidador primario. En el hogar la organización del ambiente de cuidado también depende del cuidador primario. Éste define: qué, quiénes, cómo y cuándo hacer algo. La línea de trabajo biográfico no es sólo de su incumbencia, sino también a lo que más tiempo le dedica. Ahí es donde casi nunca aparecen en escena otros integrantes de la familia.

Cuarta: el cuidador primario participa en la construcción de la experiencia del padecimiento del enfermo; es decir las decisiones que toma el cuidador primario no sólo conciernen al cuidado sino que al mismo tiempo estructuran la trayectoria del padecimiento del enfermo.

Leticia Robles afirma, que el rol del cuidador secundario es complementario al del cuidador primario. Éste surge cuando el cuidador primario está imposibilitado para realizar ciertas acciones de cuidado central. Robles, menciona la creación de una diada entre el cuidador primario y secundario; generalmente se busca a un hombre cuando el cuidador primario es mujer y viceversa, ya que se tiene la idea de que este tipo de díada equilibra la relación entre géneros en el cuidado.

Esta díada será interesante analizarla al tomar la decisión de contratar al cuidador o cuidadores secundarios; ya que se considera que las cuidadoras secundarias cubren acciones "femeninas" como las del cuidado personal: baño, cambio de pañal y vestir al enfermo. En cambio los hombres cubrirán acciones catalogadas como propias del dominio masculino; las que requieren un cierto nivel de fuerza física para su realización: el transporte fuera del hogar y la movilización en los espacios institucionales de atención médica.

Teniendo en cuenta las características del cuidador primario y las del cuidador secundario habrá que hacer una observación importante; el cuidado del enfermo no estará bien cubierto con estos cuidadores. Se necesita que otros integrantes de la familia se involucren en el cuidado a los que se llamarán "fuente de apoyo".

Estos integrantes de la familia se especializan en las acciones periféricas como lo son: el apoyo económico, ayudar en el quehacer doméstico, transportar al enfermo, ir a comprar insumos para la atención a la enfermedad, dar ánimos, platicar, visitar, hablar por teléfono, visitar al enfermo en el hospital. Será necesario que estos integrantes de la familia o de la red de apoyo actúen en tiempos definidos, cortos y esporádicos.

1.2. APTITUDES NECESARIAS PARA SER CUIDADOR PRIMARIO

Como ya se ha mencionado, culturalmente en nuestro país, hay una gran presión sobre las mujeres para ejercer el rol de cuidadoras primarias. Sin embargo cualquier persona que se vaya a adentrar en la difícil y extenuante tarea de ser CP tendrá que analizar algunos puntos:

▪ Recabar información básica sobre la enfermedad del familiar.

Es imposible conocer todos los aspectos de la enfermedad de nuestro familiar; el especialista o especialistas tratantes tendrán toda la información que esté a su alcance para llevar de la manera profesional y objetiva el proceso de la misma; sin embargo es importante que el cuidador primario maneje información con la finalidad de conocer que le espera a su familiar y a él como cuidador. Algunas preguntas sugeridas por Jacobs[8] son:

1. ¿Qué puede ocurrir con la enfermedad de mi familiar en una semana, un mes, tres meses, un año?
2. ¿Cuáles son las opciones para el tratamiento?; ¿Cuáles son las ventajas y los inconvenientes de cada opción?

---

8 BARRY, Jacobs. *Cuidadores una guía práctica para la supervivencia emocional.* Paidos. España. 2008. p.63.

7

3. ¿Qué medidas tiene en mente el médico(s) tratante(s) si los tratamientos iniciales resultan inadecuados?

4. ¿Cómo puedo ayudar a mi pariente enfermo?

▪ Definir el compromiso respecto a los cuidados.

Es importante conocer y aceptar nuestras propias limitaciones; así que es vital tomar en cuenta (estas características van dirigidas al propio cuidador primario):

a) Antecedentes familiares y culturales.

Conocer como ha reaccionado mi propia familia ante situaciones similares, culturalmente qué es lo que se me exige y si estoy de acuerdo en continuar con estas exigencias o no.

b) Valores y expectativas emocionales.

Cuáles son mis propios valores ante la idea de cuidar a un enfermo, pudiendo ser mi padre, hermano, marido, amigo, etc... que espero yo de esto, me siento capaz emocionalmente de lidiar con esto o no.

c) Relación con el enfermo.

La relación afectiva que se tiene con el enfermo es importante para poder hacer un valor objetivo sobre si podré realizar esta tarea o no.

d) La enfermedad.

Pudiera darse el caso de que no importe que tenga una buena relación con la persona enferma, buenas intenciones, buena disposición, sentir la responsabilidad y el compromiso de realizar esta actividad, si las condiciones de la enfermedad no me permitan atender al enfermo de manera adecuada.

e) Participación de otros miembros de la familia en los cuidados.

El saber si se desea o no compartir la atención del enfermo con más personas, familiares o cuidadores primarios formales; esto es completamente individual ya que tendrá relación con los valores, y las características personales de cada quien.

- Definir compromisos y redefinirlos.

Es importante sentarse cuando se sabe el diagnóstico y se abre la posibilidad de ser el cuidador primario sobre los compromisos que está dispuesto a tomar y llevar a cabo; sin embargo estos compromisos deberán de revalorarse cada cierto tiempo ya que las condiciones ambientales, físicas, económicas y emocionales van cambiando al igual que cambia la condición de la enfermedad de nuestro pariente.

1.3. EL COLAPSO DEL CUIDADOR PRIMARIO

En México, el cuidador primario, en su mayoría, se ve inmerso en la labor de manera aleatoria, sin contar con información sobre la enfermedad, sobre los tratamientos que requiere y requerirá el enfermo y sin una convicción objetiva y real del rol que desempeñará; es decir no se conocen las implicaciones de ser un CP. Todo esto más la manera de manejar las consecuencias tanto físicas, sociales y emocionales de un cuidador, llevan a éstos a padecer lo que se conoce como el síndrome del Colapso del cuidador.

De acuerdo a Van den Heuvel[9] en su estudio sobre cuidadores primarios de personas con secuelas de ictus, menciona que los cuidadores que presentan mayor riesgo de colapso son los cuidadores que atienden a personas con deficiencias cognitivas severas, cambios conductuales y emocionales; mujeres; cuidadores jóvenes y cuidadores con bajas condiciones en su salud.

---

9   VAN DEN HEUVEL, Elizabeth. et, al. *Risk factors for burn-out in caregivers of stroke patients, and possibilities for intervention.* Clinical Rehabilitation 2001;15:669.

El colapso hace referencia al conjunto de situaciones estresantes que resultan de cuidar a alguien.

Al referirse al impacto de cuidar a una persona deben distinguirse componentes objetivos y subjetivos, esto de acuerdo a Lara Palomino y cols[10]:

La sobrecarga objetiva se relaciona, de acuerdo a Lara Palominos con la dedicación y desempeño de función del cuidador (tiempo de dedicación, carga física, actividades objetivas que desempeña el cuidador y exposición a situaciones).

Los estresantes en relación con los cuidados son ejemplos de sobrecarga objetiva utilizados frecuentemente.

La sobrecarga subjetiva se relaciona con la forma en que se percibe la situación y, en concreto, la respuesta emocional del cuidador ante la experiencia de cuidar.

En el estudio que hace Lara Palomino y sus colaboradores[11], señala que 3 de cada 10 cuidadores se ven afectados por la actividad de cuidador, presentando afecciones físicas, crónico degenerativas o síntomas psicosomáticos.

---

10 LARA, Gabriela. et.al. *Perfil del cuidador: sobrecarga y apoyo familiar e institucional del cuidador primario en el primer nivel de atención.* Revista de Especialidades Médico Quirúrgicas 2008;13(4):160.

11 Ibídem. p.161.

En los Anexos, puede encontrar la escala de Zarit para conocer la sobre carga del cuidador.

La entrega que muchos cuidadores realizan a los cuidados de su familiar con dependencia les lleva en ocasiones a asumir situaciones y riesgos excesivos. Algunas de estas situaciones, de acuerdo con la Cruz Roja Española, son las siguientes:

- Asumir una carga de tareas y responsabilidades excesiva, por encima de sus capacidades.
- No aprovechar toda la ayuda disponible.
- Realizar acciones y tomar decisiones que ponen en riesgo su estado de salud y de bienestar.
- No realizar acciones a favor de su estado de salud y bienestar, especialmente las referidas a la prevención de enfermedades.
- Descuidar las acciones y las estrategias a adoptar a medio y largo plazo.
- Restar tiempo de descanso por atender las necesidades del familiar enfermo.
- Descuidar la alimentación.
- No practicar ejercicio.
- Descuidar y restar importancia a los problemas de salud que se puedan tener.

Al analizar estas situaciones, resulta evidente la necesidad de conocer estrategias de autocuidado, las cuales se presentarán en el capítulo siguiente.

CAPITULO 2
ESTRATEGIAS DE AUTOCUIDADO

El cuidado que el cuidador se provee a sí mismo es tan importante como el que provee al familiar enfermo; de hecho es la mejor manera de estar preparado, obtener y mejorar las capacidades para cuidar apropiadamente de las necesidades de éste. Al cuidado de nosotros mismo se le llama autocuidado.

En ocasiones hay que saber poner límites a los cuidados que se prestan. Para comprender a fondo y tomar una actitud activa ante al autocuidado debemos de tener presente que al cuidar de nosotros mismos es la mejor manera de cuidar a nuestro familiar ya que éste depende del cuidador la mayor parte del día.

Para ejercer el autocuidado se debe hacer consciente que la persona que más sabe sobre nuestras necesidades somos nosotros mismos; sin embargo no se debe llevar esta tarea solitariamente, ya que se necesitará del soporte que se tenga alrededor. Conocer las limitaciones dentro del cuidado del familiar es de vital importancia. Una persona no puede ser todóloga.

Al cuidar de uno mismo se deben de vencer algunas barreras de prejuicios autoimpuestos como podrían ser:

"Es egoísta cuidar de mi mismo y atender mis necesidades".

"No me hace falta pedir ayuda para cuidar. Yo puedo con todo".

"Soy el único responsable del bienestar de mi familiar".

"Si yo no hago las tareas que hay que hacer, nadie las hará".

"Nadie cuida tan bien a mi familiar como yo mismo".

De acuerdo a la Universidad de California en San Francisco[12], se sabe que aun cuando las cosas van mal y el estrés es intenso, las personas tienen momentos en que sienten emociones positivas tales como la alegría, el amor y la compasión. Ocurriendo sorprendentemente durante el curso del día o de la semana.

Estos momentos aunque fugaces, pueden ser muy importantes porque ayudan a sostener el bienestar en medio del estrés. Éstos pueden ayudar a recordar lo qué es importante. Así mismo reducen los efectos dañinos que ocurren cuando el organismo está bajo estrés por un periodo prolongado; por ejemplo,

---

12   GOODMAN, Steffanie. et al. *Orientación para el cuidado continuo.* Manual para los encargados del cuidado continuo de pacientes con enfermedades graves. University of California, San Francisco. 2009 pp: 44

restauran recursos psicológicos que son agotados frecuentemente por el estrés del cuidado continuo.

2.1. MANTENER EL BIENESTAR

De acuerdo a Goodman[13], existen cinco estrategias para mantener el bienestar en medio del estrés.

✓ Enfocarse en lo importante.

Esta característica puede fortalecer el sentido de propósito y significado en la vida.

Como resultado de sentirse atrapado en un círculo de demanda- respuesta en la vida diaria, se puede perder fácilmente la perspectiva de porqué esas actividades son importantes; agotar los recursos y llegar a experimentar sentimientos de cansancio extremo.

Para algunos cuidadores enfocarse en lo importante tendrá relación con el amor; para otros con el sentido de lo que es correcto y la moral. Sin embargo para llevar esta estrategia a cabo, el cuidador tendrá que identificar lo que es importante para él y recordarlo sobre todo, cuando las cosas no sean fáciles.

---

13   Ídem

✓ Realinear las metas personales de acuerdo a lo que es importante para uno mismo.

Al enfrentarse al diagnóstico del familiar enfermo, no sólo nos enfrentamos con éste; sino que también hay cosas que se modifican y se cuestionan en nuestro interior. Las grandes metas que se habían establecido en la vida ya no encajan con la realidad cambiante. La toma de conciencia sobre la necesidad de cambiar las metas de vida, puede general estrés intenso. Poner metas importantes de lado o incluso renunciar a ellas significa pérdida.

Por lo tanto identificar metas realistas que importan en el "ahora", en relación con la nueva realidad, puede renovar el sentido de propósito, crear un sentimiento aumentado de energía y de motivación.

En la tabla 1 podrá despedirse de las metas que ya no son eficaces y plantearse nuevas metas.

TABLA 1

Metas Anteriores	Metas Actuales	¿Porqué estas metas son importantes actualmente?

Tomado de: GOODMAN, Steffanie. et al. *Orientación para el cuidado continuo.* Manual para los encargados del cuidado continuo de pacientes con enfermedades graves. University of California, San Francisco. 2009 pp: 44

Las metas se deberán de pensar en un corto plazo, con la finalidad de que sean realistas. Podrá comenzar con listas o metas de cosas diarias; así cuando lo logre podrá experimentar sentimientos de ser más capaz y tener el control.

Las metas que pueda plantear en un plazo más largo, es conveniente que las comente y comparta con el familiar enfermo; saber los deseos de cada una de las partes puede resultar benéfico para ambos; aumentando la intimidad e intensificando los sentimientos de afecto y amor. Así mismo disminuyen los sentimientos de ansiedad.

✓ Análisis de los beneficios.

Goodman[14] menciona que la investigación en sobrellevar el estrés muestra que muchas personas descubren que se han beneficiado de experiencias estresantes.

Como cuidador, tome el tiempo necesario para reflexionar sobre las formas que ha crecido, las destrezas y conocimientos adquiridos; espiritualidad y entendimiento más profundo del mundo y de su lugar en él; cambio en las relaciones con su ser querido, familiares y amigos o cualquier otro beneficio que haya surgido con la experiencia como encargado

---

14   Ibídem. P. 46

del cuidado continuo. Recuérdelo cuando se sienta decaído.

✓ Darle a los momentos ordinarios significado.

Los momentos positivos ocurren a través del día, pueden considerarse sucesos ordinarios; sin embargo cuando se encuentre ante uno de ellos, aprovéchelo y piense en él; reflexione en porqué le hace sentir bien. Coméntelo con alguien cercano.

Estos momentos también podría reflexionarlos antes de dormir, con la finalidad de acallar la angustia y crear un ambiente positivo que lo ayude a quedarse dormido.

✓ Permiso para reír.

"El humor es uno de los métodos más saludables y poderosos para ayudarlo a brindar perspectiva en las experiencias difíciles de la vida, y frecuentemente es compartido durante los periodos de crisis"[15] Es vital no sentirse culpable sobre su risa, sepa que ésos momentos lo ayudarán a restaurar su energía y perspectiva. La risa y el humor han mostrado proveer alivio y aún facilitar la sobrevivencia.

---

15   SULTANOFF, Steven. *Levity defies gravity; using humor in crisis situations.* Therapeutic Humor,1995. 9(3): 1-2.

2.2. REDES DE APOYO

Como se mencionó con anterioridad el cuidador primario no puede ser un todólogo y necesita tiempo para descansar así como programar sus propias citas con el médico u otras actividades de la vida diaria. Es por tal motivo que resulta indispensable crear una red de apoyo. En principio puede resultar extraño e incluso vergonzoso pedir ayuda a familiares y/o amigos; sin embargo para la mayoría de estos resulta una oportunidad de ser útiles.

El primer paso a realizar consiste en preguntarle al paciente enfermo quién desea que participe, esto debido a que las interacciones pueden llegar a ser muy íntimas.

Definir los horarios de los familiares y amigos que pudieran comprometerse en esta tarea y tiempo específico. Es indispensable realizar una presentación de las actividades en las que se solicita apoyo, la forma a realizarlas y el tiempo de las mismas para que tanto el familiar, el cuidador primario y el enfermo evalúen de manera realista si son candidatos a comprometerse en dicha actividad.

Ya que se tienen a los integrantes de la "fuente de apoyo", resulta práctico hacer una lista que permita de manera rápida y eficaz visualizar los nombres, los horarios y los contactos telefónicos de cada uno de ellos. (ver Anexo 2)

Evaluar la posibilidad de contratar a un cuidador secundario; es importante discutir el perfil que se solicitará tanto por parte del enfermo como por parte del cuidador primario. Si esta es una opción viable realizar las entrevistas de manera conjunta – si es que se puede- para elegir al mejor candidato.

2.3. LA IMPORTANCIA DE DECIR NO

En un estudio realizado por la Universidad de Chile y Colombia, llegaron a la conclusión de que la calidad de vida del paciente, en dimensión del estado funcional, se ve afectada positivamente por las dimensiones función social, bienestar y vitalidad del cuidador.[16] Tomando esto como base queda entonces clara la importancia de decir NO: no puedo hacer esto, ahora no tengo tiempo ó hasta un NO quiero hacer tal o cual cosa. Considerarlo como un acto que beneficiará a su familiar, no como un acto de egoísmo.

Como hemos hablado a lo largo de este manual, contar con la capacidad óptima del cuidador primario ayudará en todas las esferas al enfermo pero sobre todo a mantener una buena calidad de vida.

---

16   CAQUEO- URÍZAR, Alejandra. et al. *Impacto de la relación de ayuda de cuidadores Primarios en la calidad de vida de pacientes con cáncer avanzado.* Psicooncología. Chile. 10 (1) 2013. P.95.

Es importante que como cuidador primario propicie espacios de autocuidado y se psicoeduque en cuanto a la información y estrategias de resolución de conflictos.[17]

2.4. ACTIVIDADES RECREATIVAS

El autocuidado camina unos pasos antes que la sanación. Esta supone enfermedad; el autocuidado nos protege de ella. Depende de cada uno de nosotros hacernos cargo de nuestro propio bienestar. El cuerpo físico requiere cuidados como ejercitar los músculos, comer, descansar y mantenerlo limpio. Sin embargo existe otro aspecto importante que debemos cuidar y procurarle bienestar, la salud mental; esta engloba la forma en la que nos manejamos día con día, la forma en la que nos relacionamos en distintos ambientes; es por esto que considerar las actividades recreativas como punto fundamental del autocuidado en el cuidador tiene sentido.

Resulta vital encontrar tiempos y espacios para gozar, sonreír, reír, hacer chiste, que bien podrían ser en el día a día, sin embargo hay momentos condiciones y lugares que se prestan más. Si a usted le gusta jugar canasta con sus amigas o es amante de ir al cine o de la lectura, debe propiciar y procurar

---

17   Ibídem. p.106.

estos espacios resultará importante para su calidad de vida y esta se reflejará en la de su familiar.

Una de las actividades que se han investigado recientemente sobre el bienestar y el control del estrés es el Mindfulness, del que se hablará a continuación.

2.5. MINDFULNESS.

El Mindfulness nos permite establecer una relación completamente distinta de la experiencia de nuestras sensaciones interiores y exteriores cultivando una conciencia en el momento presente basada en una actitud de concesión y una orientación conductual basada en una receptividad sabia en lugar de automática. El Mindfulness ofrece una respuesta alternativa a los elementos reactivos de miedo y ansiedad en la mente y en el cuerpo.[18]

Los datos de las investigaciones en la orientación conductual, sugieren que la práctica de Mindfulness pueden tener un impacto positivo en comportamientos relacionados con la salud por sus efectos en la auto- regulación cognitiva, afectiva y fisiológica. Whitebird y sus colaboradores[19],

---

18 DIDONA, Fabrizio. Manual Clínico de Mindfulness. Desclée. Bilbao, España. p.p. 323.
19 WHITEBIRD, Robin, et al. Recruiting and Retaining Family Caregivers to a Randomized Controlled Trial on Mindfulness- Based Stress Reduction. Gerontologist. 2013 Aug; 53(4):676.

mencionan que los cuidadores de familiares con demencia experimentan estrés crónico a largo plazo y que se han visto beneficiados con la terapia de reducción de estrés de Mindfulness.

Como cuidador primario, existe la posibilidad de acercarse a esta práctica para de esta manera mejorar la ansiedad, los miedos, la depresión. Esto se puede ir haciendo paulatinamente o con un programa al que se le pueden ir dedicando unos pocos minutos diarios para ir mejorando puntos específicos.

De acuerdo al Mindfulness para descubrir nuestra capacidad de reducir y manejar el estrés, necesitamos poner en marcha nuestras habilidades innatas y utilizarlas en situaciones que superan nuestros recursos. Para esto, se requiere que estemos con atención plena en el presente; realizando esto, se puede optimizar algunas capacidades como:

1. Recuperar el balance mente- cuerpo, que permite parar, detenerse y observar.
2. Encontrar espacios de quietud, autoregulación y autocuidado.
3. Responder en lugar de reaccionar ante la amplia variedad de demandas.
4. Estar presentes, estar enteramente atentos en el aquí y ahora, enriqueciendo las relaciones, la conexión, la escucha y el aprendizaje a través de nuestra propia experiencia.

5. Observar nuestros hábitos como generadores de estrés/sufrimiento.
6. Trabajar sobre los condicionamientos y modos de pensamiento rígido a través de una atención no reactiva.
7. Reconocer claramente el estrés y los estresores.
8. Ser consciente de la interacción mente-cuerpo y su influencia en los procesos de salud/ enfermedad.
9. Reconocer los estilos de comunicación: los que obstaculizan y los que abren nuevas vías de diálogo.
10. Desarrollar la empatía.
11. Mejorar la forma en la que se manejan las emociones ante situaciones complejas.

De acuerdo al formato de Mindfulness- based Stress Reduction, existe un programa de reducción de estrés que tiene sus bases en la Atención de la Respiración, la Meditación Mindfulness y los ejercicios de Flexibilidad Corporal.

Dentro de este programa se menciona que la atención a la respiración es un ancla al momento presente, que permite a la persona desactivar la reacción de lucha/ huida, produciendo un descenso de la función cardiorespiratoria, un descenso en el tono muscular y una reactivación del sistema gastrointestinal, entre otros fenómenos.

Existe otro tipo de terapia, la cognitiva basada en el Mindfulness (MBCT), ésta fue desarrollada por Zindel Segal, Mark Williams y John Teasdale; fue diseñada pensando en los procesos de vulnerabilidad que la investigación cognitiva ha identificado como causa de depresión. El énfasis del tratamiento reside en la aceptación y en el cambio. El objetivo general es ayudar a los individuos que participan a ser más conscientes y a responder de otra manera a los pensamientos y emociones negativas que pudieran desencadenar ciclos descendentes de pensamientos y de estados de ánimo.[20]

Existen muchos tipos de terapias dentro del Mindfulness y algunas de sus enseñanzas son[21]:

❖ Cualquier experiencia puede ser más rica si prestamos atención total. Gran parte de nuestra experiencia cotidiana se pierde porque la mente está en otro lugar.

❖ Tenemos tendencia a juzgar nuestra experiencia como agradable o desagradable, a evitar las experiencias desagradables y buscar las que nos agradan.

❖ Nuestro estado de ánimo influye en como interpretamos los acontecimientos y esa

---

20 DIDONA, Fabrizio. Manual Clínico de Mindfulness. Desclée. Bilbao, España. p.p. 391
21 Idem p.p.405.

interpretación influye en las emociones los pensamientos, las sensaciones físicas y los comportamientos subsecuentes.

❖ Aumentar la conciencia de las pautas habituales de la mente.

❖ La respiración es una carretera haca la conciencia en el momento presente.

❖ Las sensaciones físicas son más ricas y más cambiables si se observan con atención plena.

❖ Se puede cambiar de perspectiva y reconectar con el momento presente a través de la utilización del espacio para respiración.

❖ Es posible utilizar la conciencia de imágenes y sonidos para salir del modo de piloto automático y reconectar con el momento presente. Prestar atención a imágenes o a sonidos puede resultar particularmente básico.

❖ Cuando uno elige permanecer con las sensaciones difíciles en lugar de intentar erradicarlas es posible darse cuenta de sus cualidades con más detalle. A veces las sensaciones difíciles cambian en forma espontánea.

❖ Las experiencias y los pensamientos negativos que acompañan a la depresión son síntomas reconocidos, no señales de debilidad personal ni exclusivos del individuo.

❖ Las experiencias difíciles pueden tener manifestaciones físicas que pueden observarse.

❖ Permanecer con las dificultades en lugar de intentar evitarlas o cambiarlas a veces implica cambios espontáneos. Observarlas desde una perspectiva descentrada puede, con el tiempo llevar a una reducción de su capacidad de evocar emociones.

❖ Es posible permanecer con los pensamientos difíciles en lugar de iniciar las reacciones habituales aunque inútiles.

❖ Las interpretaciones de los hechos pueden estar muy influenciadas por el contexto y por el estado de ánimo que les aportamos.

❖ La conciencia plena puede permitirnos ver los hechos y sus contextos con mayor claridad y como resultado, aumentar la flexibilidad de respuesta.

❖ Conciencia de las diferencias entre reaccionar y responder con inteligencia en momentos de estado de ánimo bajo.

Será importante que si decide acercarse al Mindfulness, sea con un especialista en el área.

2.6. AFRONTAR SENTIMIENTOS NEGATIVOS

Resulta frecuente ver cómo los cuidadores y los enfermos se cuidan de "no decir algo negativo" con la final de no perturbar al otro, de esta manera se cae en una realidad forzada y superficial bajo el precepto del poder de los pensamientos positivos. Sin embargo se pierden el poder curativo de la tristeza.

Como se mencionaba al principio de este capítulo, conversar acerca de las cosas que perdieron como consecuencia de la enfermedad crónica puede en realidad unir a las parejas y a las familias.

Los miedos y otras emociones que son perfectamente normales y que pueden llegar a surgir durante situaciones en las que se siente que se cambia la vida o que ésta se nos va de las manos como lo son las enfermedades crónicas, a menudo son silenciados y desestimados.

El dar cabida a los sentimientos negativos no quiere decir de ninguna manera volcarse en ellos; sino encontrar el equilibrio justo entre los positivos y los negativos.

Jacobs[22], menciona tres maneras de darle un uso positivo a lo que parece negativo:

🖎 Hablar sobre las preocupaciones.

Permite evaluar las ansiedades, en ocasiones poco realistas que se pueden tener. Compartir las preocupaciones puede activar los sistemas familiares de consuelo y apoyo mutuos.

---

22   BARRY, Jacobs. *El poder curativo de la tristeza.* AARP The Magazine.aarp.org

☝ Permitirse decir que están molestos.

Los cuidadores que se rehúsan a decir lo que les molesta podrían eventualmente sentir un profundo resentimiento. Por lo general como cuidador no se quiere agravar el sufrimiento de la persna afectada, así que prefiere callar sus quejas; pero esto roba a la familia interacciones de reciprocidad: la idea de que los seres queridos tienen expectativas –y están comprometidos a cuidar unos de otros–

Se debe recordar que no sólo porque alguien está enfermo deja de ser miembro de la familia con todos sus deberes y derechos.

☝ *No reprimir la tristeza.*

La tristeza no debería de ser vista como señal de derrota o resignación. De hecho ésta puede servir para forjar una conexión entre los cuidadores y los que reciben cuidados. La tristeza y el poner en palabras el porqué de esta hace sentir que el cuidador y el enfermo se enfrentarán juntos a lo que venga. Hay que recordar la importancia de hablar de los cambios en las metas en los proyectos de vida, de las pérdidas que esto ocasiona.

El poder de hablar con honestidad con el ser querido es el verdadero aspecto positivo.

CAPÍTULO 3
EFICIENCIA EN EL MEDIO

Con la finalidad de atender mejor al familiar enfermo y facilitar las tareas diarias de cuidado, resulta importante conocer cuáles son los mejores accesorios para el cuidado, el manejo en la rutina del baño, en la rutina de la cama, la alimentación y la administración de medicamentos. Organizar estas rutinas y contar con los elementos necesarios puede ayudar a bajar el estrés que estas pueden representar.

Cómo saber si el familiar es dependiente. El concepto dependencia elaborado por el Consejo de Europa dice que es un estado en el que se encuentran las personas que por razones ligadas a la falta o a la pérdida de autonomía física, psíquica o intelectual, tienen necesidad de asistencia y/o ayudas importantes a fin de realizar los actos corrientes de la vida y, de modo particular, los referentes al cuidado personal.

Puede resultar útil conocer el grado de dependencia de su familiar para saber hasta dónde ayudarlo. El listado de actividades más utilizado para la clasificación y medición del grado de dependencia se basa en cuestionarios que miden la necesidad o no de ayuda de una o más personas en las actividades básicas de la vida diaria:

Actividades básicas: comer, control de esfínteres, caminar, vestirse y bañarse.

Actividades instrumentales: usar el teléfono, comprar, preparar la comida, tareas domésticas, utilizar transporte, tomar medicamentos, administrar dinero, salir a la calle.

De acuerdo a estas actividades de la vida diaria la dependencia se clasifica en:

Dependencia leve: necesita ayuda en menos de 5 actividades instrumentales.

Dependencia moderada: necesita ayuda en una o dos actividades básicas o más de 5 actividades instrumentales.

Dependencia grave: necesita ayuda en tres o más actividades de la vida diaria.

3.1. ACCESORIOS PARA EL CUIDADO

Es necesario un entrenamiento especial sobre cómo usar un equipo auxiliar y cómo controlar los comportamientos problemáticos. Se recomienda que si se encuentra en esta situación, pida asesoría.

¿Cómo escoger la silla de ruedas?

El médico en medicina física junto con el terapeuta encargado de la rehabilitación y educación física, darán algunas recomendaciones sobre las características que debe de tener la silla de ruedas. Es indispensable hacer caso a estas indicaciones ya que de lo contrario pueden aparecer complicaciones como úlceras por presión, deformidades y contracturas articulares, lesiones nerviosas periféricas y caídas.

Es indispensable tomar todos los consejos de los especialistas y del familiar que utilizará la silla de ruedas ya que es un elemento que se requiere durante el proceso de rehabilitación o que en algún momento será el elemento que le permita al usuario reintegrarse a su actividad social y a la vida cotidiana.

Existen una variedad infinita de sillas de ruedas en el mercado y no todas son ideales para cualquier persona.

Hay algunos aspectos a tener en cuenta cuando se va a comprar la silla:

- Tipo de discapacidad.
- Dimensiones (es importante tener esto en cuenta por los espacio en casa y estar conscientes sobre el manejo de la misma).
- Talla del usuario.

- Finalidad (se quiere la silla para ir al trabajo, para realizar actividades deportivas, es una silla de ruedas transitoria)

Todos estos aspectos resultan importantes sin embargo no hay que olvidar que el usuario es el que tiene la última palabra él sabe por dónde se va a mover y cuáles son sus necesidades personales.

Los diferentes tipos de sillas de ruedas de acuerdo a la Norma ISO 9999. Establece dos grandes grupos las manuales y las eléctricas:

Manuales:

- Impulsadas por un acompañante.
- Bimanuales impulsadas por las ruedas traseras.
- Bimanuales impulsadas por las ruedas delanteras.
- Bimanuales impulsadas por medio de palancas.
- Manuales de conducción monolateral.
- Manejadas por un pie.

Eléctricas:

- De motor manejadas por un acompañante.
- Con motor eléctrico y dirección manual.
- Con motor eléctrico y dirección asistida.
- Propulsadas con motor de combustión.

3.2. HIGIENE PERSONAL

El baño diario y mantener la higiene de su familiar contribuye a aumentar su confort y aumentar su ánimo. Estar vestido con la ropa cómoda que él acostumbraba a usar; la buena apariencia también ayuda a su autoestima.

Baño en regadera.

Es lo más práctico. Si el paciente está débil se puede sentar en una silla especial para el baño. Es importante conceder privacidad pero siempre estar al pendiente en la sala de baño.

Baño en cama.

Existen ocasiones en las que no será posible que nuestro familiar se bañe en la ducha, sin embargo se debe asear todos los días la cara, las manos, las axilas, la espalda y el área genital. Se recomienda colocar sobre la cama una cubierta plástica o un nylon. Con una esponja se lava una zona a la vez; se pasa el jabón primero, después de enjuaga y por último se seca, es recomendable empezar por la cara y terminar en la zona de los pies. No se debe olvidar la espalda. Es vital cambiar el agua en cada una de las zonas.

Algunos consejos prácticos:

- Usar agua tibia.
- Higienizar al paciente con suavidad.
- Enjuagar bien la piel.
- Secar adecuadamente (sobre todo en los pliegues –se puede usar una secadora de pelo cuidando la temperatura-)
- Aplicar cremas o aceites para bebé.

Incontinencia Urinaria y Fecal.

La pérdida de la continencia urinaria resulta común en algunos pacientes, esto puede resultar como secuela del déficit sensorial y motriz.

Puede ser que su familiar llegue a perder la habilidad para sentir la necesidad de orinar o la habilidad que permite controlar los músculos de la vejiga.

Así mismo puede existir una pérdida del control intestinal, continencia fecal o estreñimiento.

Es importante tener en consideración que la pérdida del control de la vejiga y/o del control de los intestinos puede ser emocionalmente difícil para los pacientes.

El cambio de los pañales debe ser meticuloso para evitar infecciones y la formación de escaras.

Escusados.

Existen algunos artículos para facilitar las funciones de orinar y defecar. Para orinar, existen los patos para hombres, cómodos para mujeres; para defecar existen sillas de aluminio con una tarima tipo escusado a las que se les adapta una bolsa de plástico para contener todo lo que se expulse.

Existen también unos soportes que se fijan en el asiento para facilitar el sentarse y levantarse. Hay también otros accesorios como los aumentos para escusado que disminuyen el esfuerzo del traslado.

3.3. CUIDADO DE LA BOCA

Es fácil que la boca de su familiar, al estar enfermo, se seque y la sienta seca, pastosa y sucia; es indispensable atenderla y limpiarla adecuadamente ya que pueden aparecer problemas que lleven a dificultar la alimentación y hacerla dolorosa. Así como dificultar la administración de medicamentos.

Se recomienda observar a diario si la lengua está seca y sucia; hay enrojecimiento o heridas; existen manchas blancas (comunes en las infecciones por hongos).

¿Cómo ayudar en la higiene bucal?

- Mantener la dentadura sin caries.
- Lavar los dientes tres veces al día y cuidar enjuagar muy bien la boca ya que la pasta seca la boca.
- Enjuagar la boca tres veces al día con enjuague bucal.
- Dependiendo de las indicaciones en su dieta, se puede proporcionar una manzana para que la chupe o la coma y esto mantendrá la boca fresca.
- Aplicar lubricante para humedecer los labios y la mucosa oral si es necesario.

Dientes postizos.

- Se deben sacar y limpiar dos veces al día.
- Si la boca está lastimada o infectada se los debe colocar sólo antes de comer.
- Se deben limpiar bien después de cada uso.
- Durante la noche dejarlos en agua[23]

3.4. MANEJO EN LA CAMA

Resulta vital ayudar al paciente a realizar movimientos de posición en la cama, ya que estar continuamente en una sola posición puede llegar a desarrollar escaras, estás son difíciles de tratar

---

23 Programa de asistencia continua Integral. *Cuidando un Enfermo en Casa. Manual para la familia.* Ministerio de Salud. Hospital Nacional Baldomero Sommer. Programa argentino de Medicina Paliativa. Fundación FEMEBA. 1993. p. 5.

y muy dolorosas para el paciente. Sin embargo también se debe tener en cuenta que el cuidador primario deberá cuidarse al asistir al enfermo para no lastimarse.

Para cuidar la piel de su familiar se recomienda:

- Evitar el contacto directo con materiales impermeables que impidan el paso del aire.
- Las sábanas deben de estar secas y bien extendidas para evitar la marca de los pliegues.
- Se puede utilizar vaselina o aceites en las zonas de apoyo (codos, caderas, sacro, talones, tobillos y columna vertebral)
- Se debe cambiar la posición del paciente y mantenerlos 2 horas en el día y 4 en la noche en la misma posición con ayuda de almohadas.
- Observar las zonas de apoyo y revisar que no se encuentren rojas ya que esto puede indicar el inicio de lesión. Si se observan estas coloraciones es importante llamar al médico tratante para informarle y esperar sus indicaciones.

Para desplazarlo de la cama a la silla de ruedas es ideal usar una faja lumbar, aunque sea de las que usan los cargadores del mercado, de lona y ajustable, así mismo se sugiere utilizar zapatos antiderrapantes o con suela de goma.

Colóquese frente a su familiar sentado enfrente de la cama, ponga un pie frente al del enfermo, para impedir que él se resbale; pase ambas manos debajo de sus axilas, colocándolas en los hombros de la persona; jale hasta que pueda mantenerlo casi de pie. Enseguida rote el tronco y colóquelo en la silla de ruedas previamente acomodada a un lado con los frenos puestos, esto es importante para evitar que la silla se desplace y evitará accidentes.

3.5. ALIMENTACIÓN

Algunos consejos generales son:

- Realizar comidas frecuentes, muy nutritivas y poco abundantes.
- Comer sentado con la barba inclinada hacia abajo; mantenerse en posición incorporada para evitar aspiraciones.
- Acompañar durante todo el periodo de alimentación al paciente.
- En caso necesario, modificar y adaptar la consistencia de los alimentos: texturas suaves y homogéneas. Se recomienda no mezclar consistencias.
- En caso de hipertensión seguir la dieta que el médico señale.
- Beber agua.
- Variar los alimentos para evitar déficits nutricionales.

- Mantener una buena higiene bucal.

Es importante crear un ambiente agradable para comer; no obligarlo ni crear tensión alrededor de la rutina de la comida.

3.6. ADMINISTRACIÓN DE MEDICAMENTOS

De acuerdo a las indicaciones del médico tratante, los medicamentos podrán ser en forma de comprimidos, jarabes, supositorios o inyecciones.

Algunas recomendaciones para facilitar el proceso de toma de medicamentos son los siguientes (recuerde siempre consultar con el médico tratante):

- Si son muy grandes puede partir en mitades o cuartos y hacer que su familiar los trague todos por separado.
- La mayoría se puede triturar (*esto lo debe consultar con su médico tratante, sobre todo si su paciente presenta diabetes*) y mezclar con pequeñas porciones de comida, líquidos dulces, miel, etc...
- Las cápsulas se pueden abrir para obtener el polvo de su interior (*nuevamente consultar a su médico tratante*)
- Si la garganta o la boca están secas, es conveniente tragar unos sorbos de agua antes de administrar el medicamento.

RECOMENDACIONES

Enfóquese en observar y crear tres cambios[24] principalmente:

1. Cambio en la relación con usted mismo, entendido como un aumento de confianza en sí mismo y la percepción de esta fortaleza.
2. Cambios en la espiritualidad y filosofía de vida, de acuerdo a su propia escala de valores y prioridades vitales.
3. Cambios a nivel interpersonal, observando la posible consolidación de vínculos sociales y expresiones afectivas.

El día a día será más llevadero en cuanto usted pueda reconocer sus limitaciones, acepte apoyo y ayuda de su red de apoyo y pueda compaginar de la manera más práctica el cuidado de su familiar y su propia vida incluyendo sus gustos, actividades y relaciones personales.

---

24 FERNÁNDEZ- LANSAC, Violeta, María Crespo. *Resiliencia, Personalidad Resistente y Crecimiento en Cuidadores de Personas con Demencia en el Entorno Familiar: Una Revisión.* Clínica y Salud. España. 22(1) p.25.

CONCLUSIONES

Al procurar el auto- cuidado se genera bienestar en todas las esferas. El camino en el que se está inmerso como cuidador primario no es fácil, pero habrá de recordar que esto no es sencillo para ninguno de los involucrados en el proceso.

Como cuidador primario enfrentará múltiples sentimientos, pudiendo ser estos contradictorios. Sabemos que existen personas que poseen la capacidad de resistir el estrés con mayor éxito que otras, hay diferencias estructurales de personalidad que conllevan a que en determinadas situaciones unos individuos colapsen y otros manejen mejor la situación aunque como hemos dicho este camino siempre es complejo.

Este instrumento le puede servir como herramienta, para ayudarle a hacer más sencillo el proceso de encontrar y enfocarse en los aspectos positivos del cuidado: como asumir el riesgo a favor del crecimiento personal. Tenga en mente que las circunstancias de la vida dependen de las propias acciones, tome esta nueva situación, este nuevo reto de cuidar a su familiar y dele un significado, un sentido dentro de su plan general de vida.

ANEXOS

ANEXO 1

Escala de sobrecarga del cuidador –Zarit-

Puntuación de cada ítem (sumar todos para resultado) Resultado máximo: 84 puntos.

Responda de acuerdo a la frecuencia: N- nunca (1); CN- casi nunca(2); AV- a veces(3); BN- bastantes veces(4); CS- casi siempre(5).

Pregunta	N	CN	AV	BV	CS
1. ¿Siente que su familiar solicita más ayuda de la que realmente necesita?	0	1	2	3	4
2. ¿Siente que debido al tiempo que dedica a su familiar ya no dispone de tiempo suficiente para usted?	0	1	2	3	4
3. ¿Se siente tenso cuando tiene que cuidar a su familiar y atender además otras responsabilidades?	0	1	2	3	4
4. ¿Se siente avergonzado por la conducta de su familiar?	0	1	2	3	4
5. ¿Cree que la situación actual afecta de manera negativa su relación con amigos y otros miembros de su familia?	0	1	2	3	4
6. ¿Siente temor por el futuro que le espera a su familia?	0	1	2	3	4
7. ¿Siente que su familiar depende de usted?	0	1	2	3	4

8. ¿Se siente agotado cuando tiene que estar junto a su familiar?   0   1   2   3   4

9. ¿Siente que su salud se ha resentido por cuidar a su familiar?   0   1   2   3   4

10. ¿Siente que no tiene la vida privada que desearía debido a su familiar?   0   1   2   3   4

11. ¿Cree que sus relaciones sociales se han visto afectadas por tener que cuidar a su familiar?   0   1   2   3   4

12. ¿Se siente incómodo para invitar a sus amigos a casa, a causa de su familiar?   0   1   2   3   4

13. ¿Cree que su familiar espera que usted le cuide como si fuera la única persona con la que puede contar?   0   1   2   3   4

14. ¿Cree que no dispone de dinero suficiente para cuidar a su familiar además de sus otros gastos?   0   1   2   3   4

15. ¿Siente que será incapaz de cuidar a su familiar por mucho más tiempo?   0   1   2   3   4

16. ¿Siente que ha perdido el control sobre su vida desde que la enfermedad de su familiar se manifestó?   0   1   2   3   4

17. ¿Desearía poder encargar el cuidado de su familiar a otra persona?   0   1   2   3   4

18. ¿Se siente inseguro acerca de lo que debe hacer con su familiar?   0   1   2   3   4

19. ¿Siente que debería hacer más de lo que hace por su familiar?   0   1   2   3   4

20. ¿Cree que podría cuidar a su familiar mejor de lo que lo hace?   0   1   2   3   4

21. En general: ¿se siente muy sobrecargado por tener que cuidar a su familiar?   0   1   2   3   4

Anexo 2.

Tareas a realizar	Horario	Nombre	Contacto
Supervisión en casa/compañía			
Compra de víveres			
Lavar platos/limpiar la cocina			
Baño diario			
Higiene personal(corte de pelo, manicure, pedicura)			
Programar Citas Médicas			
Manejo de medicamentos			
Fisioterapia			
Terapia Ocupacional			
Terapia Neurolingüística			
Terapia Cognitiva			
Registro de cuentas médicas			
Transporte a:			
Citas médicas			
Grupos de apoyo			
Compras y mandados			
Descanso y relajación del cuidador primario			
Cuidado de los hijos			
Cuidado de mascotas			
Cuidado de abuelos			
Aseo del hogar			
Lavandería			
Jardinería			
Pago de cuentas/registro de gastos			
Manejo del seguro de gastos médicos			
Manejo de asuntos legales			

REFERENCIAS BIBLIOFRÁFICAS

ALLEN, Jessica. et al. *Bereavement among Hospice Caregivers of Cancer Patiens Ones Year Following Loss: Predictors of Grief, Complicated Giref, and Symptoms of Depression.* J Palliat Med. 2013 May 22.

ALONSO, Fernando. *Algo más que suprimir barreras: conceptos y argumentos para una accesibilidad universal.* TRANS. Revista de traductología. España. 2007, 11. Pp.15-30.

AUSTRICH, Edurne y Paola Díaz. *Mi paciente en casa. Manual de Cuidados para el cuidador.* Editorial Corinter. México D.F. 2011.

BARBIER Marta, et al. *Guía de autocuidado y cuidado para personas cuidadoras familiares de personas mayores en situación de dependencia.* Servicios Sociales Integrados. Diciembre 2011.

BARRY, Jacobs. *Cuidadores. Una guía práctica para la supervivencia emocional.* Editorial Paidós. Barcelona, España. 2008.

CÁDIZ, Carolina y Verónica, Morales. *Manual de cuidados básicos para el adulto y adulta mayor dependiente.* En buenas Manos. Instituto de Normalización Previsonal.

División de Programas y Beneficios Sociales. Santiago de Chile, Marzo 2006.

CAQUEO- URIZAR, Alejandra. et al. *Impacto de la relación de ayuda de cuidadores primarios en la calidad de vida de pacientes con cáncer avanzado.* Psicooncología. Chile. 2013 Vol. 10, Núm. 1.

CRESPO, María y Javier, López. *El apoyo a los cuidadores de familiares mayores dependientes en el hogar: desarrollo del programa "Cómo mantener su bienestar".* Premio IMSERSO "Infanta Cristina" .Colección de estudios Serie Dependencia. Madrid, España 2007.

DE VUGT, Marjolein y Frans, VERHEY. *The impact of early dementia diagnosis and intervention on informal caregivers.* Prog Neurobiol. 2013 May 17.

EBRAD, Marcelo y Rosa Icela, Rodríguez. *Manual de cuidados generales para el adulto mayor disfuncional o dependiente.* Instituto para la Atención de los Adultos Mayores en el Distrito Federal. México, D.F.

FERNÁNDEZ- LANSAC, Violeta, María Crespo. *Resiliencia, Personalidad Resistente y Crecimiento en Cuidadores de Personas con Demencia en el Entorno Familiar: Una Revisión.* Clínica y Salud. España. 22(1) p.25.

FERRÉ- GRAU, Carme. et al. *Guía de Cuidados de Enfermería: Cuidar al cuidador en Atención Pirmaria.* Tarragona: Publidisa; 2011.

GONZÁLEZ- COSIO, Maite. *Manual para el cuidador de pacientes con demencia. Recomendaciones para un cuidado de calidad.* Lundbeck. Ebixa memantina

GOODMAN, Steffanie. et al. *Orientación para el cuidado continuo. Manual para los encargados del cuidado continuo de pacientes con enfermedades graves.* University of California, San Francisco. 2009

GOTOR, Pilar. et al. *Manual de Cuidados para personas afectadas de Esclerosis Lateral Amiotrófica.* Asociación Española de Esclerosis Lateral Amiotrófica ADELA. Madrid. Industrias Gráficas Omnia.

HOW HOW, Choon y Joanne, Hui Min. *Managing urinary incontinence in the community.* Singapore Med J. 2013:54(8): 420-424.

ISLAS, Noemi. et al. *Perfil psicosocial del cuidador primario informal del paciente con EPOC.* Rev Inst Enf Resp Mex 19(4) octubre diciembre 2006.

LARA, Gabriela. et al. *Perfil del cuidador: sobrecarga y apoyo familiar e instucional del cuidador primario en el primer nivel de atención.* Revista de Especialidades Médico Quirúrgicas 2008;13(4):159-66.

MENDOZA, Lilia y Rosalía, Rodríguez. *Colapso del cuidador.* Geriatría. McGraw- Hill Interamericana Editores. México, 2000.

MORALES- CARIÑO, Elizabeth. et al. *Evaluación del colapso del cuidador primario de pacientes adultos mayores con síndrome de inmovilidad.* Revista de Investigación clínica (64): 3. Mayo- Junio, 2012: 240-246.

NIGENDA, Gustavo. et al. *La atención de los enfermos y discapacitados en el hogar. Retos para el sistema de salud mexicano.* Salud Pública Mex 2007; Vol. 49(4):286- 294.

PAULUS, Dominique. et al. *Development of a national position paper for chronic care: Example of Belgium.* ELSEVIER. 2013: 105- 109.

PERRIN, Paul. et al. *Just how bad is it? Comparison of the mental health of Mexican traumatic brain injury caregivers to age- matched healthy controls.* NeuroRehabilitation. 2013 Jan 1;32(3):679-86.

ROMBOUH, Rosamarié. et al. *Caregiver Strain and Caregivee Burden of Primary Caregivers of Stroke Survivors with and Without Aphasia.* Rehabilitation Nursing. September/October 2006. 31(5)pp.199-209.

ROMITO, Francesca. et al. *Informal caregiving for cancer patients.* Cancer. 2013 Jun 1;119Suppl 11:2160-9.

SULTANOFF, Steven. *Levity defies gravity; using humor in crisis situations.* Therapeutic Humor,1995. 9(3): 1-2.

VAN DEN HEUVEL, Elizabeth. et al. *Risk factors for burn-out in caregivers of stroke patients, and possibilities for intervention.* Clinical Rehabilitation 2001;15:669- 677.

WHITEBIRD, Robin, et al. Recruiting and Retaining Family Caregivers to a Randomized Controlled Trial on Mindfulness- Based Stress Reduction. Gerontologist. 2013 Aug; 53(4):676-86.

KYUNG, Jun. et al. *Long- term Clinical Outcomes of the Tension- free Vaginal Tape Procedure for the Treatment of Stress Urinary Incontinence in Elderly Women over 65.* www.kjurology. Org. 2012. http:// dx.doi.org/10.4111/kju.2012.53.3.184.

ROBLES, Leticia. *La relación cuidado y envejecimiento: entre la sobrevivencia y la devaluación social.* Papeles de Población (en línea) 2005, 11 (julio- septiembre):(29 de mayo de 2013)Disponible en: http://www.redalyc. org/articulo.oa?id=11204504 ISSN 1405-7425. 11(45) pp. 49-69.

Printed in the United States
By Bookmasters